27
n 16134

27
n 16134

DISCOURS
PRONONCÉ

DANS la Salle des Consultations gratuites de Médecine & de Jurisprudence d'Orléans.

A l'occasion de l'Inauguration du Buste de M. PETIT, Docteur-Régent de la Faculté de Médecine de Paris; ancien Professeur d'Anatomie & de Chirurgie au Jardin du Roi, de l'Académie des Sciences de Paris, de celle d'Orléans, & de plusieurs autres de l'Europe, &c. &c. FONDATEUR de cet établissement;

EN PRÉSENCE

DES Corps Administratifs, Judiciaires & Militaires, des Membres de l'Académie des Sciences, Belles-Lettres & Arts, & des Colléges de Médecine & de Chirurgie.

Par M. LATOUR, Docteur en Médecine, & Agrégé au Collége d'Orléans.

A ORLÉANS,

De l'Imprimerie de C. J. GIROUD, rue des ci-devant Grands-Carmes.

1792.

DISCOURS
PRONONCÉ

Dans la Salle des Consultations gratuites de Médecine & de Jurisprudence d'Orléans.

A l'occasion de l'Inauguration du Buste de M. PETIT, Docteur-Régent de la Faculté de Médecine de Paris; ancien Professeur d'Anatomie & de Chirurgie au Jardin du Roi, de l'Académie des Sciences de Paris, de celle d'Orléans, & de plusieurs autres de l'Europe; &c. &c. FONDATEUR de cet établissement;

EN PRÉSENCE

DEs Corps Administratifs, Judiciaires & Militaires, des Membres de l'Académie des Sciences, Belles-Lettres & Arts, & des Colléges de Médecine & de Chirurgie.

Par M. LATOUR, Docteur en Médecine, & Agrégé au Collége d'Orléans.

A ORLÉANS,

De l'Imprimerie de C. J. GIROUD, rue des ci-devant Grands-Carmes.

1792.

DISCOURS

Prononcé dans la Salle des Confultations gratuites de Médecine & de Jurifprudence d'Orléans.

A l'occafion de l'*Inauguration* du Bufte de M. Petit, Docteur-Régent de la Faculté de Médecine de Paris; ancien Profeffeur d'Anatomie & de Chirurgie au Jardin du Roi; de l'Académie des Sciences de Paris, de celle d'Orléans & de plufieurs autres de l'Europe, &c. &c. Fondateur de cet établiffement.

Messieurs,

Si les Grands-Hommes ont des droits éternels à l'admiration & à l'amour de leurs Concitoyens; fi la Patrie qui reffent leurs bienfaits & partage leur gloire, doit leur accorder dans le fiécle même qui les a vus naître, le tribut d'honneur qu'ils méritent, avec quel empreſſement ne devons-nous pas payer cette dette ſacrée à un des plus célebres & des plus généreux de nos compatriotes ? C'eſt dans cette Salle, monument perpétuel de la bienfaiſance de M. Petit; c'eſt en préſence de ceux qui ont été ſi ſouvent les témoins & les admirateurs de ſes talens & de ſes vertus, que je viens aujourd'hui, foible interprête de cette honorable Aſſemblée, ma's fort de mon enthouſiaſme pour ce Grand-Homme, & fier de l'amitié dont il m'honore, exprimer nos ſentimens pour lui, & faire parler la reconnoiſſance publique. Organe (*a*) d'un Corps reſpectable que M. Petit affectionne particuliére-

―――――

(*a*) J'ai publié ce Diſcours d'après le vœu des Membres du Collége de Médecine, mes confreres; j'ai cédé d'autant plus volontiers à ce ſentiment, qu'il eſt conforme à la diſpoſition de mon cœur. Un précis des travaux utiles & des actes de bienfaiſance de M. Petit, peut devenir un aiguillon aux talens, & un encouragement à la vertu. C'eſt le ſeul objet que je me ſuis propoſé. On ne verra d'ailleurs dans cet Ouvrage qu'un tribut inſuffiſant de ma reconnoiſſance, rendu à l'Homme illuſtre dont ſe glorifie notre Ville, & qui n'a du plaiſir à vivre que pour faire le bien.

ment, je me bornerai à vous expofer rapidement ce que les Lettres & la Faculté de Médecine, ce que la Patrie & l'humanité doivent à fes talens & à fes bienfaits. Une légere efquiffe fuffira pour faire revivre dans vos ames des impreffions qui y font profondément gravées. Oui, fon éloge eft fait dans toutes les claffes de la Société, & fi j'interrogeois l'opinion publique, un cri général parti du fond des cœurs, la voix du Peuple qui le nomme fon pere, attefteroient la reconnoiffance des indigens & l'attachement des riches, l'eftime de la Patrie, & l'hommage de l'humanité entiere. C'eft cet éloquent concert de louanges qui doit retentir à vos oreilles, tandis que ma foible voix ne fera que vous retracer les fentimens dont vous êtes déja affectés. Vous jetterez d'abord avec moi les yeux fur les fervices importans que M. Petit a rendus à la République des Lettres & à la Société par fon mérite, mérite que l'Europe entiere connoît, quand lui feul paroit l'ignorer. Après avoir admiré le Savant, nous nous arrêterons avec plus de complaifance encore fur le Citoyen humain & bienfaifant. Le befoin de fon cœur fut toujours de faire des heureux; & comme fa vie fe partage entre les fruits de fes talens & les actes de fa bienfaisance, nous partagerons aussi nos sentimens entre l'admiration & la reconnoissance.

Il est des hommes que la Providence donne quelquefois à la terre pour être l'ornement & la lumière de leur siécle. C'est à ces hommes rares que la nature se plaît à révéler ses secrets, en même temps que l'expérience les éclaire de son flambeau. Ce que les sciences ont de plus difficile & de plus obscur, semble s'applanir & se développer devant ces génies heureux, qui présentent aux esprits étonnés la nature dans toute sa simplicité & l'art dans sa perfection. M. Petit est un de ces hommes qui ont porté la plus nécessaire & la plus épineuse des sciences humaines à son plus haut période. Ne rangez pas, Messieurs, la Médecine au nombre des moyens qui conduisent aisément à la célébrité. C'est par des sentiers pénibles & escarpés que le Médecin parvient à ce dégré de gloire, & une réputation généralement étendue comme solidement établie dans ce genre, suppose toujours un mérite éclatant.

En effet, la science de soulager par les ressources combinées de l'art, tous les maux de la nature, est peut-être celle qui exige les connoissances les plus universelles. Peut-être la Médecine ne jette-t-elle point au premier aspect ce vif éclat qui dans les autres Arts enleve d'abord l'admiration. Le Médecin ne tendant qu'à l'utilité publique, néglige cette célébrité, l'objet des soins & de l'ambition des autres hommes. Un grand savoir péniblement acquis dans l'ombre du cabinet, n'a souvent d'autre théatre que les réduits où languissent les malheureux, d'autre récompense que la joie secrete d'être utile à l'humanité.

Mais si vous portez sur l'Art du Médecin un coup-d'œil appréciateur, & si vous mesurez l'étendue des obligations que cette honorable & utile profession lui impose, vous serez étonnés de la multitude des connoissances qu'elle exige. Posséder dans un dégré éminent toutes les découvertes relatives à l'économie du corps humain, saisir les phénomenes généraux qui annoncent l'atteinte portée à la santé, & peut-être à la vie, distinguer les véritables signes qui donnent une idée précise du caractere propre de chaque maladie, les dégager de toutes les circonstances étrangeres, les combiner ensemble & les comparer avec les observations des praticiens modernes & de ceux de l'antiquité ; décider avec sagacité dans quel cas il est important de ne point déranger la marche de la nature ; surprendre les indications qui exigent impérieusement une méthode de traitement prompte & sagement dirigée ; enfin, rechercher les causes médecinales, &, à l'exemple d'Erasistrate, découvrir par l'étude de l'ame le tumulte secret des passions d'où dérivent souvent les affections physiques : voilà, Messieurs, la tâche que le Médecin s'engage à remplir. L'influence de l'air, la qualité des eaux & des alimens, les variations des saisons, les différentes propriétés des plantes, les ressources qu'offrent les minéraux ; les habitudes & les tempéramens infiniment variés des animaux ; en un mot, tout ce qui respire, tout ce qui végéte, tout ce qui est, doit faire partie de son étude. Il faut que son esprit embrasse en quelque sorte l'universalité de la nature. Encore si son travail devoit se borner à cet amas prodigieux de connoissances en tout genre ; mais ce n'est pas tout : quand les autres Arts jouissent en paix de la gloire qu'un long travail leur a acquise, le Médecin pourvu de toute la science nécessaire, n'est encore qu'au milieu de sa carriere ; il faut qu'une longue expérience confirme la juſteſſe de ſes combinaiſons & la méthode de philoſopher qui le guident ; & quand la moitié du cours ordinaire de la vie a été conſacrée à acquérir cette immenſité de connoiſſances, l'autre ſuffit à peine pour en faire quelques applications heureuſes.

C'eſt à vous, Meſſieurs, à juger ſi M. Petit, ſi notre illuſtre Concitoyen a été au-deſſous de ces immenſes devoirs. Si je conſulte l'opinion générale, une voix unanime me répond que perſonne n'a donné plus de ſplendeur à l'Art le plus étendu comme le plus important pour la ſociété. Perſonne n'a mieux ſenti que lui combien d'étude & de recherches lui impoſoit ſon honorable profeſſion. Un dévouement généreux au bien public, une application ſoutenue ont été la ſuite de ce ſentiment, & M. Petit a offert dans ſa perſonne tout ce que peut le travail le plus infatigable, joint aux plus heureuſes diſpoſitions de la nature.

Ne croyez pourtant pas, Meſſieurs, que ce Grand-Homme ſe perſuade à lui-même être monté à ce point d'élévation où ſon génie l'a placé ; ſa modeſtie rejette une pareille idée ; écoutez-le, & vous croirez entendre ce Philoſophe qui étoit parvenu à force de travail, dans la vieilleſſe la plus avancée, à ſavoir qu'il ne ſavoit rien : » la Médecine (*a*), nous dit-il, eſt la ſcience dés à peu-près. » Voilà, Meſſieurs, le langage des Grands-Hommes ; leur génie ſublime qui enviſage le mieux poſſible, voit toujours en avant beaucoup plus d'eſpace qu'ils n'en ont franchi, & leur modeſte défiance d'eux-mêmes eſt le plus ſûr garant de leur habileté.

Que ne puis-je vous donner une idée des Ouvrages qui ont illuſtré M. Petit ? A peine avoit-il fait quelques pas dans la carriere des Lettres, qu'une édition des œuvres de *Palfin* lui donne occaſion de préſenter des obſervations très-intéreſſantes, des vues & des avis pratiques de la plus grande utilité. Ces notes deviennent infiniment précieuſes pour ceux qui veulent non-ſeulement s'inſtruire à fond de l'Anatomie, mais qui ſe propoſent d'en faire leur bouſſole dans l'exercice de la Chirurgie. L'Oſtéologie dont nous lui ſommes entiérement redevables, eſt un morceau des plus achevés. Un traité complet d'Anatomie exécuté d'après ce plan & avec les mêmes recherches, ne nous eût laiſſé plus

---

(*a*) Projet de réforme ſur l'exercice de la Médecine en France, par M. Petit, pag. 25.

rien à defirer fur cette importante matiere. Bientôt un favant rapport fur l'inoculation, prouva fans réplique que s'il eft un préjugé funefte à l'humanité, c'eft celui dont on eft trop généralement imbu contre cette opération. A fes raifonnemens auxquels les plus incrédules étoient forcés d'acquiefcer, l'Auteur pouvoit ajouter une autorité plus décifive encore, celle des fuccès de fa méthode qui ne fe démentirent jamais ; ils accréditerent fon fyftême dans ce même rapport, qui fit plus de profélytes à la raifon, que tout ce qui avoit été écrit jufqu'alors en faveur d'une queftion auffi intéreffante. Tout annonce encore dans cet Ouvrage de M. Petit, un efprit auffi orné que folide. Tout y porte l'empreinte de fon génie créateur & obfervateur. C'eft ainfi que non content de faire reffentir à chaque individu les heureux effets de fes talens, M. Petit veut encore confacrer fes veilles au bien de la Société entiere.

L'utilité publique & l'humanité furent toujours l'unique objet de fes travaux; feules, elles dirigerent fes études ; l'humanité refpire dans tous fes écrits ; l'humanité lui dicta cet Ouvrage qui lui attira un fameux & opiniâtre contradicteur. Vous me prévenez fans doute, Meffieurs,

& vous vous rappellez avec moi cette consultation sur les naissances tardives. De tout temps un préjugé grossier empêchoit de légitimer les enfans posthumes au de-là du neuviéme mois. Dans une savante dissertation l'illustre Médecin démontre les abus de cette coutume barbare. Trop souvent peut-être elle avoit arraché l'honneur à une femme vertueuse, & la subsistance à un enfant innocent, victimes d'une ignorance coupable . . . . . Envain M. Bouvart combat son opinion ; tout l'honneur de la dispute reste à M. Petit. Deux volumes de lettres dégoutantes du fiel le plus amer, ne peuvent mettre la raison du côté de son antagoniste. Ni le ridicule, ni les sarcasmes lancés sur l'origine de notre Docteur, ne furent jamais devant les bons esprits les armes de la victoire ; ces moyens honteux révolterent les ames honnêtes qui ne purent reconnoître les procédés du Médecin dans M. Bouvart, se peignant lui-même sous les traits d'un homme farouche. Tranquille, au contraire, dans son triomphe, l'aimable protecteur de la veuve qu'on alloit déshonorer, & de l'enfant qu'on vouloit perdre, se trouva toujours conforme à ce que la raison avoit exigé de lui dans cette lutte glorieuse. Une foule de Savans prennent son parti & le vengent pleinement de son jaloux & cruel adversaire.

Plusieurs autres Ouvrages, tous marqués au coin du bon goût, pleins d'un jugement sain & droit, immortaliseront ce judicieux Littérateur; Ouvrages tels qu'il faudroit être un autre lui-même pour en faire dignement l'éloge. Tantôt ce sont des consultations dans lesquelles il traite une foule de questions aussi importantes par leur objet, que par la maniere dont elles sont présentées; tantôt ce sont des Mémoires sur la Médecine, & l'Anatomie, dont s'est enrichie l'Académie des Sciences (*a*); tantôt des Discours lus à la Faculté. Enfin, tout ce qui est sorti de la plume de ce Grand-Homme, porte la teinte énergique de son génie, & fut toujours accueilli avec l'enthousiasme que méritent ses productions. Un mérite si éclatant ne resta pas long-temps enseveli dans l'obscurité. Bientôt la Capitale retentit du nom de M. Petit; sa réputation se répandit dans toute la France, &

___

(*a*) Les bornes de ce Discours ne me permettent pas d'analyser ces Mémoires, ni ce que M. Petit a écrit sur la Chirurgie & sur le méchanisme des accouchemens, Ouvrages intéressans & très-estimés.

& vous vous rappellez avec moi cette consultation sur les naissances tardives. De tout temps un préjugé grossier empêchoit de légitimer les enfans posthumes au de-là du neuviéme mois. Dans une savante dissertation l'illustre Médecin démontre les abus de cette coutume barbare. Trop souvent peut-être elle avoit arraché l'honneur à une femme vertueuse, & la subsistance à un enfant innocent, victimes d'une ignorance coupable . . . . . Envain M. Bouvart combat son opinion; tout l'honneur de la dispute reste à M. Petit. Deux volumes de lettres dégoutantes du fiel le plus amer, ne peuvent mettre la raison du côté de son antagoniste. Ni le ridicule, ni les sarcasmes lancés sur l'origine de notre Docteur, ne furent jamais devant les bons esprits les armes de la victoire ; ces moyens honteux révolterent les ames honnêtes qui ne purent reconnoître les procédés du Médecin dans M. Bouvart, se peignant lui-même sous les traits d'un homme farouche. Tranquille, au contraire, dans son triomphe, l'aimable protecteur de la veuve qu'on alloit déshonorer, & de l'enfant qu'on vouloit perdre, se trouva toujours conforme à ce que la raison avoit exigé de lui dans cette lutte glorieuse. Une foule de Savans prennent son parti & le vengent pleinement de son jaloux & cruel adversaire.

Plusieurs autres Ouvrages, tous marqués au coin du bon goût, pleins d'un jugement sain & droit, immortaliseront ce judicieux Littérateur; Ouvrages tels qu'il faudroit être un autre lui-même pour en faire dignement l'éloge. Tantôt ce sont des consultations dans lesquelles il traite une foule de questions aussi importantes par leur objet, que par la maniere dont elles sont présentées; tantôt ce sont des Mémoires sur la Médecine, & l'Anatomie, dont s'est enrichie l'Académie des Sciences (*a*); tantôt des Discours lus à la Faculté. Enfin, tout ce qui est sorti de la plume de ce Grand-Homme, porte la teinte énergique de son génie, & fut toujours accueilli avec l'enthousiasme que méritent ses productions. Un mérite si éclatant ne resta pas long-temps enseveli dans l'obscurité. Bientôt la Capitale retentit du nom de M. Petit; sa réputation se répandit dans toute la France, &

(*a*) Les bornes de ce Discours ne me permettent pas d'analyser ces Mémoires, ni ce que M. Petit a écrit sur la Chirurgie & sur le méchanisme des accouchemens, Ouvrages intéressans & très-estimés.

l'Europe entiere fixa les yeux fur cet Homme célebre. Toutes les Académies étrangeres s'empresserent de l'attirer dans leur sein, & l'Académie des Sciences de Paris qui l'adopta, fut plus honorée de l'avoir pour Membre, qu'elle n'ajouta à la gloire qu'il s'étoit déja acquise.

La nature, Messieurs, qui destinoit M. Petit à faire de grandes choses, lui accorda les plus grands talens; ils le firent spécialement rechercher par M. de Buffon. Cet Ecrivain sublime que la voix publique a placé à côté d'Aristote, de Pline & de Platon, avoit étalé dans des peintures pleines de magnificence, tous les trésors que la nature récele dans son sein. Il contemple l'homme; il admire les monumens de sa puissance & de sa gloire; il considére son organisation d'où dépendent toutes ses facultés. Mais d'où vient que cette machine merveilleuse porte avec elle divers principes de destruction ? Cette question, l'objet des recherches immenses pour lesquelles ce savant Naturaliste accorde la prééminence au Médecin, mérite toute son attention. Alors M. Petit cultivoit avec succès toutes les branches relatives à la science de l'homme. L'amour des connoissances dans ce genre étoit en lui comme la flamme qui s'attache à tout ce qu'elle atteint. M. de Buffon arrête sur lui ses regards, & saisit l'occasion de faire fructifier tant de talens. C'est sur la nomination d'un juge aussi équitable, que le Roi institua ce Médecin, déja fameux, Professeur d'Anatomie & de Chirurgie dans son Jardin des plantes. Ainsi les suffrages d'un Grand-Homme placerent un autre sur un brillant théatre. Un profond savoir, une logique lumineuse, l'art d'exposer avec précision les opinions des différentes sectes de la Médecine, une liberté franche dans l'analyse des systêmes, enfin un goût décidé pour l'étude de la nature qui rend les Médecins, qui savent l'observer, si supérieurs à ceux qui n'ornent leur esprit que de vaines hypothèses: voilà, Messieurs, les titres qui valurent à M. Petit cette dignité nouvelle. Telle étoit déja sa renommée, qu'aucun Médecin n'osa se déclarer son compétiteur, encore moins son rival. Il avoit acquis l'estime des Savans; il fut suivi dans ses leçons publiques par une multitude innombrable de disciples qui la plupart sont devenus à leur tour d'excellens Maîtres.

Ce seroit ici le lieu de louer son Eleve chéri (a) & son ami fidèle, l'honneur de son école & l'héri-

―――――――――――――――――

(a) M. Duchanoy, Docteur-Régent de la Faculté de Médecine de Paris.

tier de ſes talens. La reconnoiſſance l'a attiré aujourd'hui parmi nous ; publions cette vertu, tandis que la Capitale préconiſe ſa doctrine & ſes ſuccès. C'eſt aux inſtructions publiques & aux avis particuliers de M. Petit, que tant d'autres Médecins doivent tous les avantages de leur réputation ; ils ne rencontrerent jamais dans l'élément de la ſcience aucune difficulté qu'il ne fît diſparoître par ſes explications. Il déchiroit le voile dont ſe couvrent les opérations de la nature, & ſon art ſublime de peindre avec intérêt les moyens qu'elle emploie, aiguillonnoit l'émulation de ſes éleves, & les entraînoit comme par enchantement dans la recherche profonde de la vérité. Auſſi énergique dans ſes écrits, qu'impartial dans ſes opinions, il plaignoit le ſort des Médecins qui veulent expliquer les phénomenes de l'économie animale par les loix ſeules de l'hydraulique, ou par les ſecours de la chymie. Il prouvoit que, quoique curieuſes, les applications des ſciences étrangeres à la Médecine ſont trop ſouvent dangereuſes & rarement utiles. Il ſe propoſa de détruire ces abus, & démontra que la ſcience de la Médecine exiſte par elle-même ; que la bonne théorie & ſes véritables principes fondamentaux réſultent de la combinaiſon des obſervations que la pratique ſeule fournit. En partant de ces points de vue, ses idées étoient autant de rayons de lumiere qui se developpoient en faveur des candidats. Il fixoit leur attention, non-seulement par une méthode d'enseignement qui lui étoit propre, mais encore par une infinité de traits intéressans, d'anecdotes piquantes & de détails aussi variés qu'instructifs. C'est ainsi qu'il embellissoit à leurs yeux toutes les démonstrations d'Anatomie & de Chirurgie, & qu'il les encourageoit à suivre les infiniment petits des dissections & à en admirer les merveilles; delà l'empressement avec lequel on accouroit de toutes les parties de ce royaume & des contrées étrangeres les plus éloignées pour entendre cet illustre Professeur & se former à son école. C'étoit un grand honneur d'avoir été du nombre de ses disciples, & déja l'on croyoit avoir acquis des droits bien fondés à la confiance publique, quand on pouvoit dire: *je suis l'éleve de M. Petit.*

Cette réputation brillante ne le fit jamais sortir de cette honorable médiocrité où il s'étoit placé par choix, & où il demeura toujours par goût. Grand par lui-même, il négligea toujours & rejetta constamment ces titres & ces marques de distinction qui peuvent quelquefois accompagner le mérite, mais qui ne le supposent pas. Les titres de Médecin d'un Prince furent si peu de chose pour lui qu'il les refusa toute sa vie. Un Ministre lui offrit des Lettres de Noblesse. M. Petit, plein de cette véritable Noblesse que donne l'ascendant du génie, repoussa bien loin une pareille proposition. Enfin, relevant par la simplicité & la modestie l'éclat de ses brillantes qualités, cet homme célebre veut goûter les douceurs d'une vie privée, tandis que tout semble l'inviter à jouir de sa gloire & à recevoir dans la Capitale les bruyans témoignages de l'admiration générale. Nous ne finirions pas, si nous voulions épuiser les immenses trésors de son esprit; rapprochons-nous davantage de lui, & cherchons dans son cœur la source de tous les bienfaits par lesquels il s'annonce tous les jours. Objet de notre admiration, qu'il le soit encore de notre reconnoissance!

Quelque brillantes que soient les qualités de l'esprit dont les hommes peuvent être ornés, quelque immenses que soient les connoissances qu'ils ont acquises, quelque soit l'étendue de leurs lumieres, ils ne sont après tout que des Savans. Tous ces accessoires de l'homme, si l'on peut s'exprimer ainsi, esprit délié, jugement sain, goût exquis,

exquis, connoissances profondes, génie sublime, tout cela ne dépend pas de lui ; tout cela ne fait point l'homme de bien. Si M. Petit se fût contenté d'être le plus habile Médecin de son temps, il n'eût été qu'un grand-Homme ; mais il fut un homme bon ; mais il est encore tous les jours l'objet de l'amour, comme de la reconnoissance publique.

Ici, quelle vaste carriere s'ouvre devant nous, Messieurs ; le suivrons-nous cet homme si généreux ; le suivrons-nous dans le cours de ses bienfaits ; il faudroit compter tous les jours de sa vie ; & c'est de lui qu'on pourroit dire, comme de cet Empereur, les délices du genre-humain, qu'il n'en passa jamais un sans avoir fait des heureux. Dans l'exercice de cette utile & intéressante profession qui consiste toute entiere à soulager ses semblables, combien n'eut-il pas occasion d'épancher son cœur aimant, de satisfaire ses inclinations bienfaisantes. Rappellez-vous ici, Messieurs, les consolations que notre ministere nous met à portée de procurer aux affligés, ministere bien pénible, mais où certains momens de jouissance nous dédommagent bien des peines, des dégoûts qu'on y éprouve. Voyez d'un côté cette épouse éplorée qui perd son appui ; ces enfans au berceau qui vont être orphelins ; le

B

deuil & la consternation répandus dans cet asyle obscur de la pauvreté ; d'un autre côté, un homme sensible qui vient calmer leurs craintes, relever leurs espérances, ranimer leur courage, ou du moins employer à leur soulagement toutes les ressources de son art. Quel contraste intéressant ! Comme la présence de cet homme consolateur répand la joie & la sérénité ! Que n'avez-vous été témoins, Messieurs, de la vive sensation que produit sur les malheureux la présence inopinée d'un être sensible & compatissant, dans ces réduits affreux où la fortune & le bonheur semblent n'avoir jamais abordé. Comme on s'empresse autour de lui ! Comme on l'accable de caresses ! Comme on le conjure d'adoucir les maux dont on lui offre de toutes parts le déchirant spectacle ! Comme on l'enveloppe ! Comme on le serre ce mortel bienfaisant, tandis qu'au milieu de ce triste, mais honorable cortége, tantôt il pleure avec eux ; tantôt il essuye leurs larmes ; quelquefois il leur donne des secours effectifs ; toujours il verse dans tous les cœurs la consolation & l'espérance.

Quelles durent être les jouissances de M. Petit dans ces doux momens! Qu'il étoit éloigné d'imiter ceux qui par des airs de grandeur & un accès repouffant, rebutent les malheureux qui fe jettent entre leurs bras, tandis qu'ils prodiguent aux Grands leurs veilles & leurs foins intéreffés. M. Petit, au contraire, fans defcendre à l'égard des riches de la fphere élevée où fon mérite l'a porté, fans abaiffer jamais devant la nobleffe ou la fortune, cette dignité que le mérite donne aux Grands-Hommes, fut toujours conferver envers les pauvres & les malheureux cette douceur & cette aménité qui peignent mieux fon cœur que tout ce que l'on peut en dire. Jamais l'habitude qui émouffe cette pointe du fentiment qu'on éprouve à la vue des fouffrances, ne ralentit en lui cette ardeur, difons mieux, cette paffion de faire du bien. Les infortunés avoient toujours de nouveaux droits à fa fenfibilité, quand ils lui expofoient de nouveaux befoins ; en un mot, il étoit moins le Médecin que le bienfaiteur & le pere de tous les pauvres.

Soyez ici les panégyriftes de ce Grand-Homme, ô vous tous qui avez reçus de lui quelques fervices; vous qui lui devez un pere, une mere, un fils. Venez rendre un témoignage éclatant à fa bienfaifance, pauvres & malheureux de tous les âges, de toutes les conditions. Rassemblez-vous de toutes les parties de la Capitale, & venez en ce lieu former un nombreux cortége. Quel Monarque environné d'une Cour brillante, paroîtra avec plus de gloire, que M. Petit au milieu des haillons & des lambeaux de l'indigence! Le premier entend autour de lui les témoignages trompeurs d'une admiration factice, & le langage adulateur d'une troupe de courtisans corrompus. Notre Héros reçoit de toutes parts les bénédictions sinceres de ceux qui lui doivent la santé ou la vie, & les louanges, groffieres peut-être, mais franches & vraies que font retentir, comme de concert, tous les malheureux & les indigens. L'un, lors même qu'il fait, sans le savoir, le malheur de ses Sujets, est proclamé dans mille éloges emphatiques, le pere de la Patrie; l'autre, l'est effectivement, & il préfére à tout l'encens de l'Univers, le sentiment intime de ses bonnes actions: mais il s'en faut bien que M. Petit ait été même privé de cette célébrité, l'objet le plus cher de l'empreffement des hommes; ni le desir de rester inconnu, ni les soins qu'il prend pour se souftraire aux honneurs, ne peuvent le dérober au grand jour. Semblable à cette humble fleur qui, cachée fous l'herbe, fe trahit par fes parfums, la modefte vertu de M. Petit cherche envain un afyle ignoré, la gloire & la renommée entourent ce Grand-Homme & l'annoncent par-tout. Sa naiffance même, loin de diminuer en rien l'eftime qu'on lui porte, ne fait que rehauffer l'éclat de fes belles qualités; il veut la confacrer par un trait de générofité qui en rappelle fans ceffe le fouvenir; il affure une exiftence douce à un Citoyen pauvre de la profeffion de fon pere, & ce vieillard (*a*) fixé auprès de nous, fera un gage toujours vivant de la modeftie & de la bienfaifance de notre illuftre fondateur.

Après avoir femé par-tout des bienfaits; après avoir fecouru par lui-même tous les malheureux qu'il put connoître, il voulut étendre à la poftérité les effets de fa générofité, & en faire recueillir les fruits à la Société entiere. C'eft dans cette vue qu'il fit en quelques endroits, fur-tout dans la Capitale, plufieurs établiffemens célebres par leur importance & leur utilité. Deux

---

(*a*) C'eft le Concierge de la Salle des Confultations qui fera toujours choifi parmi les vieillards indigens de la profeffion du pere de M. Petit.

Chaires, l'une d'Anatomie, l'autre de Chirurgie, en immortalifant fon nom, prouvent le noble emploi qu'il fut faire de fes richeffes. Un Chirurgien penfionné à Fontenai-aux-Rofes, pour confacrer fes foins aux pauvres, retracera à jamais parmi les habitans de ce hameau, le fouvenir de cet homme qui laiffe par-tout où il paffe des traits de fon humanité. Heureux les habitans de ce pays, d'avoir poffédé pendant quelque temps ce Grand-Homme! Plus heureux, s'ils avoient pu le retenir toujours parmi eux; mais le funefte fpectacle d'une mere tendrement chérie, & que la mort lui enleve dans cette retraite, fuffit pour lui rendre ce féjour défagréable. Paris eft encore le théatre de fa bienfaifance.

Enfin, fatigué de la vie tumultueufe où le jettoit fa réputation, accablé des honneurs qu'il recevoit, il voulut jouir en paix du fruit de fes travaux, & chercher un afyle où il pût couler des jours paifibles.

Que la vieilleffe du fage eft refpectable! qu'il eft beau de voir un homme blanchi dans des travaux utiles à fes femblables, venir dans fa Patrie goûter tout le bonheur dont il a été la fource. Son féjour eft un fanctuaire qui retentit fans ceffe des bénédictions dont on le comble.

DISCOURS.

Combien la ville d'Orléans ne doit-elle pas se féliciter, non-seulement d'avoir donné naissance à M. Petit, mais d'avoir été choisie pour l'asyle où il veut passer tranquillement le reste de sa vie! il espéroit y jouir avec ses amis de cette douce liberté, compagne ordinaire de l'obscurité; mais il n'est point de retraite obscure pour M. Petit. Comme sa réputation l'y avoit précédé, sa gloire l'y suivit bientôt. Bientôt il se trouva investi de la considération & de l'estime des Citoyens de cette Ville; bientôt il se vit environné de tous les malheureux que sa sensibilité attira auprès de lui; bientôt enfin M. Petit se livra encore à son inclination naturelle qui le portoit à soulager l'humanité souffrante; tant il est vrai qu'un homme bon ne peut s'isoler, & que sa présence est un bonheur public... M. Petit avoit beaucoup fait pour les malheureux de la Capitale; que ne dût-il pas faire pour le pays qui l'a vu naître? C'est à vous, Messieurs, à décider si sa bienfaisance extraordinaire n'a pas rempli tout ce qu'on pouvoit attendre de son amour pour ses Concitoyens.

Je n'entreprendrai pas de vous peindre l'abandon & la détresse où se trouvent les pauvres malades, quand personne n'invoque pour eux l'humanité des Médecins. Ignorés dans leurs afyles, dépourvus des fecours que notre profeffion offre généreufement aux hommes (*a*) ; n'ofant la plupart fe traîner hors de leurs demeures, pour produire au grand jour leur miférable exiftence, négligés par les riches, inconnus des gens de l'art, tombant quelquefois entre les mains d'hommes fans titres, comme fans talens & fans expérience, ils font ou les victimes de l'indigence, ou le jouet de leur fort rigoureux. M. Petit voit le mal, & bientôt fa charité induftrieufe s'empreffe d'y remédier. Vous ferez foulagés, pauvres & malheureux, qui avez eu le bonheur de naître les concitoyens de ce Grand-Homme ; il vous porte tous dans fon fein. O vous

___

(*a*) Avant que les pauvres malades euffent attiré l'attention de M. Petit, un tendre intérêt à leurs malheurs avoit fuggéré aux Médecins du Collége, de donner les Mercredi & Samedi de toutes les Semaines, des Confultations gratuites. Cet établiffement commencé le 10 Décembre 1744, par le zèle de cette Société, eft devenu depuis une reffource infiniment précieufe pour le foulagement des malades infortunés. M. Petit en a fait une fondation d'une utilité plus étendue. Affligé des befoins des malheureux, il veut qu'on les cherche chez eux pour les guérir. D'ailleurs il adopte le mode que les Médecins ont fuivi jufqu'à ce jour pour les Confultations.

tous que la pauvreté affiége, que la misere tourmente, que tous les maux de la vie accablent à la fois, béniffez la divine Providence d'avoir ramené ici, pour venir à votre secours, le plus bienfaisant & le plus compatiffant des hommes !

Déja sous ses auspices, & à ses frais, s'éleve le monument qui doit être comme le rendez-vous de tous les pauvres infirmes de la Patrie. Echauffé par son génie, un habile (*a*) Architecte répond par son goût aux vues nobles du fondateur, & déja l'édifice eft prêt à recevoir tous les affligés pour lesquels il est destiné.

Dignes émules de ses vertus, deux Citoyens généreux (*b*) viennent dans ce temple de la

―――――――――――――――――――――

(*a*) M. Lebrun, Architecte de cette Ville.

(*b*) MM. Bellanger & Moyreau. *Voyez* cette inscription mise au bas du Buste de M. PETIT.

Anno quarto reparatæ Libertatis.

Marmoreâ spiret Medicus sub imagine, mortis
   Qui sævas toties jussit abire minas.

C. V. Antonio PETIT, Doct. Med. ob templum beneficentiæ ab ipso Aureliæ erectum, hoc marmor posuerunt, dicaverunt amicitiæ & reverentiæ pignus A. F. J. Bellanger, & Sylvanus-Maria Moyreau, *Architecti Parisienses.*

bienfaifance expofer à nos hommages ce chef-d'œuvre d'un nouveau *Trafimede* (*a*). Vainqueur des temps, ce Bufte fera paffer à nos defcendans & la mémoire chérie dès hommes eftimables qui le préfentent, & le nom du Sage que nous célébrons. Ainfi, dans les beaux jours de la Grece, la ville d'Epidaure érigea un temple à Efculape ; les mains de la reconnoiffance y placerent fa ftatue, & cette image du Dieu illuftra à jamais la Ville où il avoit reçu le jour.

Animés de l'efprit qui dirige M. Petit, &, pour ainfi dire, pleins de lui-même, quatre Médecins (*b*) & deux Chirurgiens (*c*) doivent en

---

(*a*) Fameux Sculpteur de la ftatue d'Efculape.

(*b*) M. Loiré, Doyen des Médecins du Collége.

M. Monnier, ancien Médecin ordinaire du Roi, de l'Hôpital St. Charles, de celui de Santé & des Prifons du Châtelet.

M. Maigreau, de l'Académie des Sciences, belles-Lettres & Arts d'Orléans, & Médecin en furvivance de l'Hôtel-Dieu.

M. Latour, de l'Académie des Sciences, belles-Lettres & Arts d'Orléans, Médecin des Prifons de la Haute-Cour Nationale, Auteur de ce Difcours.

(*c*) M. Rochoux, Chirurgien des Prifons de la Haute-Cour Nationale, & en furvivance, de l'Hôtel-Dieu.

M. De la Croix, Chirurgien, en furvivance, de l'Hôtel-Dieu.

quelque forte tenir fa place auprès des pauvres qu'il ne veut jamais perdre de vue. Vous voyez, Meffieurs, qu'un tendre intérêt aux malheurs des indigens que M. Petit appelle fes freres, fervit toujours à faire éclater pour eux toute fa bienfaifance. Cette vertu fi digne de l'humanité, fit en tous lieux diftinguer fon caractere ; elle eft la régle de fes mœurs, & elle devient, en nous chargeant du foin des pauvres, le motif de fes efpérances. Oui, Meffieurs, il fe complaît déja à nous confidérer tous occupés du foulagement des infortunés ; il s'applaudit de nous voir émus de leur détreffe ; il fera fatisfait, lorfqu'aux reffources que notre art nous fuggérera pour les guérir, nous joindrons les confolations dont fouvent ils ont plus befoin encore. Ils font dans nos cœurs, fans doute, ces fentimens, mes honorables Confreres.... Qu'il nous feroit doux d'en tranfmettre l'obligation effentielle à nos fucceffeurs ! Notre premier devoir fera d'obferver de bonne heure fi leur doctrine, leurs vertus leur donnent des droits à nos fuffrages. Banniffons fur-tout de l'œuvre qui nous eft confiée les Médecins qui traiteroient les pauvres avec rigueur. Préférons ceux que la compaffion fans foibleffe, la patience fans dédain, le savoir sans présomption nous auront fait discerner pour hommes de bien. Avec de pareils titres, ils ne fuiront jamais l'occasion de s'éclairer avec leurs Confreres ; ils sauront que les illusions de l'amour-propre sont comme des nuages qui dérobent aux yeux du Médecin les opérations & les besoins de la nature. Défenseurs des vrais principes, ils attaqueront ces systêmes que l'observation a démontrés insensés & dangereux. Ainsi l'institution pour les pauvres sera à jamais sans imperfection, & les malades, heureux d'avoir des amis pour Médecins, offriront au ciel des vœux pour leur illustre bienfaiteur. Hé ! que ne peut-il réunir sous le même toît tous les malheureux de l'Univers ? Son désir ardent de procurer le bien, lui avoit fait concevoir le dessein d'y rassembler tous ceux qui enveloppés dans les filets d'une procédure insidieuse, seroient hors d'état de soutenir par eux-mêmes des droits légitimes. M. Petit, s'il eût trouvé des coopérateurs, devenoit non-seulement le consolateur des hommes souffrans, mais le patron des opprimés de sa patrie. Ce que M. Petit avoit projetté & même ébauché, nos immortels législateurs l'ont accompli, & la plus belle de leurs institutions n'est que l'exécution d'un projet long-temps auparavant combiné par M. Petit (a).

Que manque-t-il maintenant à ta gloire, refpectable vieillard ? Que peux-tu défirer au milieu d'une foule de tes Concitoyens, les uns guéris par tes foins, d'autres heureux par tes bienfaits, tous pénétrés de reconnoiffance & d'admiration pour toi ? Jouis, ô Grand-Homme, du fpectacle touchant d'une Ville qui s'empreffe de te combler de bénédictions ! Jouis de la paix & du bonheur que tu as procurés à tant d'individus ! Loin de toi les foucis & les peines ; loin de toi tout ce qui peut altérer ton bonheur. Puiffent les maladies, dont tu as délivré tant de malheureux, refpecter tes cheveux blancs ! Homme bon ; c'eft à des hommes comme toi que les anciens, dans les tranfports de leur reconnoiffance, élevoient des autels ; & quels hommes approchent plus de la Divinité fur la terre, que ceux qui ne fe diftinguent que par leurs bienfaits.

Et vous, Meffieurs, qui par la nature de vos fonctions & de vos foins, préfidez avec courage au maintien & à l'harmonie de notre inftitution politique & fociale ; vous qui, par une intel-

―――――――――――――――――

(a) Le Bureau de Conciliation.

ligence qui déconcerte tous les factieux, favez lier les intérêts de l'homme avec ceux du citoyen; vous enfin que la voix d'une grande Province & les fuffrages d'une de fes principales divifions ont appellés à une adminiſtration difficile qui devient néanmoins le théatre de votre gloire & le monument honorable de vos travaux, vous yenez au nom de la Patrie décerner à un Grand-Homme les hommages qu'il mérite; vous venez relever par votre préfence les honneurs que nous rendons au plus célebre de nos Concitoyens. Il me femble voir la Patrie reconnoiffante couronner elle-même de lauriers, & défigner à l'admiration de l'Univers le mortel qui a fi bien mérité d'elle.

Pour nous qui le voyons de plus près; nous qui avons le plus profité de fes lumieres & connu le prix de fa générofité, comment pourrions-nous exprimer les vifs fentimens dont nous fommes pénétrés ? Avec quelle vive émotion le verrions-nous en ce moment affis au milieu de nous, avec cet air de nobleffe, mêlé de douceur & de bonté qui lui eft fi naturel. Tâchons de fixer fes auguftes traits parmi nous. Puifque nous ne pouvons fans ceffe pofféder fa perfonne, que ce marbre animé par un habile

Artiste, frappe tous les jours nos yeux, en même temps que son souvenir touchera nos cœurs. Ses regards serviront à ranimer notre zèle. C'est dans ses yeux que nous lirons nos devoirs, comme les malheureux leur consolation. Tous les Citoyens, témoins de cette cérémonie intéressante, en transmettront d'âge en âge la mémoire, & s'empresseront de le montrer à leurs enfans : Voilà, diront-ils, celui qui se plut à faire le bien ; voilà un homme qui fut bon & compatissant, & des larmes d'attendrissement couleront des yeux de ceux qui le verront dans ses bienfaits toujours subsistans. Parlons dès-à-présent le langage des siécles à venir ; ne craignons pas de lui marquer d'une maniere trop sensible notre amour & notre vénération. L'envie a trop souvent frustré les savans de leur gloire pendant leur vie, que rien ne manque au triomphe de ce Grand-Homme. Devançons par les témoignages de notre reconnoissance, & par l'offrande de nos cœurs, les hommages que la postérité lui prépare, & que lui assurent son génie & ses vertus.

www.ingramcontent.com/pod-product-compliance
Lightning Source LLC
Chambersburg PA
CBHW070444080426

42451CB00025B/1451